LIEUTENANT A. LORRIOT

DU 32ᵉ RÉGIMENT D'INFANTERIE

DE

L'AUTOMATISME

DU TIREUR

PARIS

HENRI CHARLES-LAVAUZELLE

Éditeur militaire

10, Rue Danton, Boulevard Saint-Germain, 118

(MÊME MAISON A LIMOGES)

LIEUTENANT A. LORRIOT

DU 32ᵉ RÉGIMENT D'INFANTERIE

DE
L'AUTOMATISME
DU TIREUR

PARIS

HENRI CHARLES-LAVAUZELLE
Éditeur militaire
10, Rue Danton, Boulevard Saint-Germain, 118

(MÊME MAISON A LIMOGES)

DE L'AUTOMATISME

DU TIREUR

« L'instruction du tir, lit-on à la première page du règlement provisoire de 1902, a pour objet de préparer au tir de guerre le soldat, les groupes et leurs chefs. »

Et plus loin, nous lisons encore :

« L'instruction individuelle du tireur est la base de tout l'enseignement du tir. »

Remarquons, en passant, l'insistance logique avec laquelle les auteurs de nos récents règlements se sont attachés à spécifier rigoureusement que l'instruction des troupes, qu'il s'agît de tir ou de manœuvres, avait pour but unique la préparation *à la guerre* (1). C'est par ces mots que débutent les deux règlements provisoires des 8 octobre et 18 novembre 1902.

L'instruction individuelle du tireur a comme point de départ, non seulement en France, mais (et nous pourrions dire *surtout*), dans toutes les armées étrangères, l'enseignement d'un certain nombre d'exercices, dits *exercices préparatoires*, ainsi dénommés parce qu'ils sont réellement, en théorie comme en pratique, la préparation indispensable de tous les enseignements que le soldat recevra ultérieurement au point de vue du tir, et

---

(1) Cf. Règlement provisoire de manœuvres, titre I, art. 1 ; Règlement provisoire de l'instruction du tir, introduction, alinéa 1.

comme la matière même, la substance de sa valeur individuelle comme tireur. Ainsi que l'écrivait il n'y a pas longtemps le général *Philebert*, « ils sont ce que la grammaire est au langage, et c'est ainsi que les envisage l'enseignement des écoles de tir, où toute l'attention et toute l'intelligence des instructeurs sont appelées sur leur importance dans les moindres détails » (1).

Si l'on examine, en effet, d'un peu près la série de ces exercices, tels que les comprend le nouveau règlement, on est frappé de la multiplication, de la variété, de la minutie même des détails d'instruction. La matérialisation de l'enseignement, l'emploi recommandé des images, la démonstration incessante par l'exemple, la division du travail poussée aux plus extrêmes limites, la nécessité, imposée à l'instructeur, de se plier aux conformations individuelles, les prescriptions répétées en vue d'aboutir au moindre effort, enfin, la liberté de mouvements et d'allures laissée au soldat chaque fois qu'elle est possible, et l'initiative quasi-absolue laissée à l'instruction pour l'enseignement de détail, telles sont, semble-t-il, les caractéristiques du règlement provisoire du 18 novembre 1902, en ce qui regarde l'instruction individuelle théorique et pratique au moyen des exercices préparatoires de tir.

D'autre part — et c'est alors le côté moral de l'homme qu'il faut considérer et l'influence que ces exercices peuvent avoir sur son rendement moral comme soldat — il ressort très nettement, et de certains passages du même règlement, et de certaines prescriptions du règlement provisoire de manœuvres, qu'on a voulu, par la fréquence, par la répétition, par la continuité des exercices, créer chez le soldat une foule d'habitudes, de bonnes

---

(1) *La question du tir.*

habitudes s'entend, faire passer dans les réflexes ces mêmes exercices, en un mot obtenir de l'automatisme.

Nous n'avons ici, en fait de textes, que l'embarras du choix.

« Les soldats peuvent être considérés comme exercés lorsqu'ils exécuteront les mouvements *sans hésiter...* Une pratique *répétée* et *continue* de la mise en joue peut seule donner *l'aisance* qu'il y a intérêt à développer chez les tireurs (1) »

« Tous les mouvements du corps et de l'arme pratiqués dans les exercices de tir sont *répétés fréquemment*, et pendant tout le cours de l'année, de manière à amener le soldat à les exécuter *automatiquement* (2). »

« Il convient de *rompre* le soldat, par une *pratique journalière*, au *maniement* et à *l'emploi de l'arme à feu*, de telle sorte que l'usage lui en devienne *aisé* et *habituel* comme celui d'un *outil familier...*, on *l'assouplit* à manier son fusil, *pour la charge et pour le tir sans hésitation ni fausse manœuvre...*, à charger, approvisionner, apprêter le mécanisme pour le tir coup par coup et à répétition, et *pour passer de l'un à l'autre, dans toutes les positions, de nuit comme de jour...*, à placer la troupe, à mettre en joue *vivement*, à bras francs et sur appui, à viser un point, à tirer et à recharger... Quelques instants consacrés à ce travail tous les jours, dans les chambres, au dehors, et même en terrains variés, formeront des tireurs souples, aisés, sûrs d'eux-mêmes, mieux que ne le pourraient faire des exercices *intensifs* et *prolongés* (3). »

L'ancien règlement de 1884, modifié en 1894, disait déjà à ce propos : « L'efficacité du tir dépend en grande

---

(1) Règlement provisoire sur le tir, art, 61, *in fine*.
(2) *Idem*, art. 63.
(3) Règlement provisoire de manœuvres, titre II, art. 91.

partie de l'assouplissement des hommes aux mouvements du tireur. Les exercices relatifs à l'exécution des feux doivent être *fréquemment répétés*, de telle sorte que les hommes arrivent à *exécuter rapidement*, et pour ainsi dire *machinalement*, les mouvements de la charge et de la mise en joue en visant un point désigné, et de l'action du doigt sur la détente (1). »

Cette préoccupation de l'automatisme, que l'on peut constater à chaque pas dans l'étude de nos règlements actuels, n'est pas spéciale à nos auteurs. On la trouve, et depuis longtemps, dans les règlements étrangers. « La charge *rapide*, l'exécution *adroite* de la charge à répétition, l'installation *rapide* et *sûre* de la hausse, la mise en joue *prompte* et *régulière* dans toutes les positions, la *découverte rapide du but*, sont les conditions auxquelles le tireur doit s'exercer constamment, et sans lesquelles l'arme de jet donnée à l'homme ne peut être employée utilement sur le champ de bataille. Ces exercices continuent pendant tout le temps du service de l'homme (2). »

Le règlement allemand de 1898 répète les mêmes prescriptions en des termes presques identiques. Les mots *rapide, prompt, sûr, adroit, correct, régulier* reviennent et s'associent à chaque ligne.

« Le soldat, dit le *règlement autrichien*, doit, pendant toute la durée de son service actif, être exercé *chaque jour* au pointage, à la mise en joue et à l'action du doigt sur la détente, afin d'acquérir une telle habileté et une telle sûreté dans l'exécution de ces mouvements que, *dans toutes les positions du tireur et dans toutes les circonstances*, même *au milieu de l'émotion du combat*, il arrive, uniquement par *l'habitude* qu'il en aura prise, à *diriger sur l'ennemi* un coup ajusté. »

---

(1) Règlement de 1884-1894, école du soldat, n° 235.
(2) Règlement allemand de 1887.

Le *règlement belge* est encore plus précis, s'il est possible.

« Il est de la plus haute importance que, dans toute la durée de leur service, les soldats soient exercés chaque jour au pointage, à la mise en joue, à l'action du doigt sur la détente, afin d'acquérir une telle *habitude* et une telle *sûreté* dans l'exécution de ces mouvements, que, *dans toutes les positions, et dans toutes les circonstances, même au milieu de l'émotion du combat*, ils arrivent, *par la force seule de l'habitude*, à utiliser, à chaque coup, la justesse de leur arme. »

Nous pourrions multiplier ces citations à l'infini. La préoccupation d'inculquer au soldat un certain nombre d'habitudes, de convertir ces habitudes *en un véritable automatisme*, est, à l'étranger, comme chez nous, constante; à l'étranger comme en France, elle est la pensée directrice qui a présidé à la rédaction des exercices préparatoires de tir, et il paraît bien que l'instructeur de tir qui comprendra le mieux son rôle sera celui qui, en fin de ces exercices, livrera au *groupe* et au *chef de groupe* un soldat exécutant *automatiquement*, non seulement tous les mouvements que comporte le fusil même, mais encore ceux que suppose son emploi rationnel (postage, utilisation des appuis, etc. etc.).

Qu'est-ce donc que l'automatisme? Peut-on et doit-on l'obtenir? Dans quelle mesure pourra-t-on l'utiliser, et quels services rendra-t-il au combat? En supposant qu'on le réalise en vue du succès, *a-t-on le droit de mettre ainsi la main sur la volonté de l'homme*, de multiplier chez lui des réflexes qu'il n'utilisera peut-être jamais? Telles sont les questions que nous allons passer rapidement en revue.

Qu'est-ce que l'automatisme?

L'homme, comme tous les animaux supérieurs, possède deux centres nerveux, la *moelle épinière* et le *cer-*

veau, ainsi que des *nerfs moteurs*, grâce auxquels la *volonté*, issue du cerveau, transmet aux muscles l'ordre d'agir. Or, la moelle épinière a un pouvoir propre qui consiste à provoquer des excitations motrices dans les muscles sans le secours du cerveau, et sans l'ordre de la volonté. Si on coupe la tête à une grenouille, l'animal s'agite, puis s'arrête. Si l'on touche une de ses jambes avec une goutte d'eau acidulée, on provoque immédiatement une contraction. Si la grenouille avait encore son cerveau, on pourrait dire qu'en se contractant, l'animal a fait acte de volonté consciente, que c'est le cerveau qui a transmis au muscle l'ordre de réagir. L'ablation du cerveau détruit cette hypothèse; le mouvement de contraction exécuté par la grenouille n'est qu'une *réponse mécanique* à une excitation vive; ce mouvement n'est qu'un *réflexe*. L'impression sensitive remonte le long du nerf sensitif qui l'a reçue jusqu'à un point donné de la moelle épinière d'où part un nerf moteur. La fin du nerf et le commencement du nerf moteur se rencontrent dans une même cellule de la moelle épinière d'où part un troisième filet nerveux se dirigeant vers le cerveau. Si cette impression sensitive, au lieu de cheminer vers la tête par ce troisième filet ascendant, s'arrête dans la moelle épinière, celle-ci la renvoie transformée en mouvement dans la direction du muscle où le nerf moteur la conduit. L'impression se réfléchit sur le centre moteur, et revient sur elle-même au lieu de continuer sa route, comme se réfléchissent les ondes sonores de la voix qui, se heurtant contre un mur, reviennent en arrière pour produire l'écho (1).

Le mouvement réflexe est l'écho d'une impression sensitive.

---

(1) Cf. Dr Lagrange : *Physiologie des exercices du corps*, ouvrage très précieux à consulter par tous ceux que préoccupe l'éducation physique du soldat.

Mais est-il nécessaire que le cerveau ait disparu pour que les mouvements réflexes se produisent? Non. Il suffit seulement qu'il ne prenne aucune part à l'activité musculaire. Dès lors, celle-ci n'est plus voulue et se manifeste inconsciemment, comme on l'observe chez un homme préoccupé qui, suivant une expression aussi vulgaire que juste, a *la tête ailleurs* et ne songe pas à ce qu'il fait. La marche est l'exemple le plus frappant de ce genre de mouvements. Laborieusement apprise par l'enfant, elle est devenue, dans la suite, d'une exécution si facile que le cerveau n'y prend plus aucune part. Que se passe-t-il en effet dans la marche?

Au commandement de : *Marche*, le soldat part; la sensation que produit le sol sur la plante du pied quand il s'y repose détermine, par effet réflexe, un mouvement de l'autre membre, qui vient, à son tour, se poser en avant du premier, et ainsi de suite. Cette succession régulière des mouvements des jambes, qui sont tantôt reposées sur le sol, tantôt enlevées de terre, peut se faire sans que la volonté y prenne part, et sans que le cerveau en ait conscience, jusqu'au commandement de : *Halte*, qui, en sollicitant l'attention, vient briser la chaîne ininterrompue des réflexes, et déterminer le mouvement, cette fois conscient et volontaire, de l'arrêt (1).

Nous avons cité l'exemple de la marche qui, réellement, est le type de l'exercice automatique. Nous pourrions en relater bien d'autres : le pianiste, qui, à force d'entraînement, laisse courir ses doigts sur le clavier sans penser à ce qu'il joue; l'escrimeur, dont toute la vie et la sensibilité, au cours d'un assaut, paraissent concentrées dans la main qui tient l'épée! Car c'est bien d'automatisme qu'il s'agit en escrime. Dès que le tireur a *conçu* le coup qu'il veut exécuter, il laisse à ses doigts

______

(1) Dr Lagrange, *op. citat.*

le soin d'agir. Écoutons sur ce point la parole subtile de M. Legouvé : « Ces doigts frémissent, palpitent sous l'influence du fer qui touche le leur, *comme si un courant électrique leur en communiquait tous les mouvements. Ils n'ont nul besoin du secours de la vue pour suivre l'épée ennemie*, car le tireur véritable fait bien plus que de la voir : il la sent, la palpe, la maîtrise par le tact ; *il pourrait la suivre tout en ayant les yeux bandés* (1). »

Toutes les parades, du reste, se font automatiquement.

N'est-ce pas également le cas du rameur, du bicycliste qui, une fois *en forme*, fournissent automatiquement, dans un temps donné, un nombre régulièrement identique de coups de pédale ou de coups de rame ?

Ces quelques exemples, qu'il est inutile de multiplier, nous suffiront pour dégager les caractères principaux de l'acte automatique, caractères qui sont *l'absence de fatigue* ou plutôt l'énorme diminution de la fatigue, et *l'absence presque absolue de la volonté.*

On peut bien dire, en effet, qu'en comparaison du *travail* exécuté soit par le marcheur, soit par le rameur, la fatigue est quasi nulle. Si l'on convertit ce travail en kilogrammètres, on est effrayé de la somme d'efforts réalisés automatiquement. Les coureurs *Terront* et *Corre* ont fourni chacun, en vingt-quatre heures, dans la course Bordeaux - Paris, environ 500.000 coups de pédale ; ils sont arrivés presque *frais* parce que leurs mouvements étaient analogues à celui de la grenouille dont nous parlions tout à l'heure et à laquelle *Flourens* avait enlevé la tête, — parce qu'ils faisaient de l'automatisme.

Mais, dira-t-on, que faites-vous du *surmenage* ? Ne peut-il résulter d'une fatigue réelle, même si cette fa-

---

(1) *Le Temps*, 15 mars 1903.

tigue n'est pas sentie? Cela est évident, et c'est là un des triomphes de l'acte automatique d'abolir à ce point la volonté et la sensibilité que l'homme peut tomber *fourbu* avant d'avoir pris conscience de l'épuisement de ses forces. Nous ne nous étendrons pas sur ce cas qui ne s'applique qu'aux actions violentes et continues; ne perdons pas de vue qu'il s'agit simplement ici de savoir si le tireur de guerre peut retirer quelque bénéfice de l'acte automatique. Or, nous croyons bien avoir suffisamment prouvé que cet acte supprimait presque entièrement la fatigue.

Nous ajoutons maintenant qu'il supprime, au cours de son exécution, l'intervention de la volonté, et cette vérité découle des observations précédentes. La grenouille de Flourens, avons-nous dit, ne faisait pas d'acte volontaire. A chaque pas qu'il fait en avant, le marcheur ne *veut* pas marcher (1); à chaque coup de rame, à chaque coup de pédale, le bicycliste ou le rameur ne *veulent* pas ramer ou courir; l'escrimeur, qui bat l'épée, double, dégage, se fend ou pare, dans une action automatique et concomitante de ses doigts, de son bras et de ses jambes, ne *veut* pas *successivement* tous ces mouvements; ce sont ses réflexes seuls qui les exécutent. Cela est hors de doute; ce sont là des actes purs de la moelle épinière; seuls la moelle épinière et le muscle sont en cause; le

---

(1) Cela est si vrai que ce n'est qu'au prix d'une très grande fatigue musculaire et cérébrale qu'on parvient à transformer en acte volontaire un acte habituellement automatique. « Les marches de nuit sont très fatigantes, écrit le docteur Boilureaux; car, la nuit, l'homme dépense une grande somme d'influx nerveux pour régler son pas; l'automatisme de la moelle ne s'exerce pas dans toute sa plénitude comme dans le jour sur une route unie, et le *cerveau* est obligé *d'intervenir* à tout instant *pour diriger* les mouvements des membres; de là la fatigue cérébrale qui se traduit par un épuisement rapide. »
On ne saurait mieux dire.

cerveau, la volonté qui en émane, sont, en la matière, hors de cause.

Et cette vérité est si évidente que la volonté, absente de l'automatisme, peut complètement s'occuper ailleurs pendant l'accomplissement des réflexes. Un poète fait des vers en marchant; les péripatéticiens se livraient, en se promenant, aux plus graves, aux plus ardues discussions philosophiques. Sans sortir de nos exemples, le pianiste qui joue *de mémoire*, le rameur ou le bicycliste entraînés, soutiennent parfaitement une conversation sans perdre une note, un coup de rame ou un coup de pédale. Tel est, en effet, le principal caractère de l'acte automatique, qu'*il laisse la volonté libre*, qu'il dégage le cerveau de toute préoccupation inhérente à l'acte musculaire soumis au seul réflexe; *il permet à la pensée de travailler* pendant que, de son côté, le muscle fait sa besogne indépendante. Il permet, en un mot, à deux actes, l'un conscient, l'autre inconscient, de se manifester parallèlement, sans se mêler l'un à l'autre. Caractère précieux, dédoublement de la personnalité finement analysée jadis par Condillac (1), et, depuis, par Xavier de Maistre (1), et dont on entrevoit déjà la portée à l'appui de notre thèse : l'automatisme est-il utile au tireur de guerre ? « Cette facilité que nous donne l'habitude, pour accomplir des actes intelligents sans perception personnelle, nous permet de faire sans cesse de nouveaux progrès et d'employer notre intelligence à des œuvres plus élevées; *cet automatisme est la condition de notre progrès* (2). » Ce ne sera donc point rabaisser le niveau moral de l'homme, du soldat, que de tâcher d'agrandir le champ de ses réflexes; ce ne sera pas diminuer sa person-

----

(1) Condillac : *Traité des animaux*, III, 553; Xavier de Maistre : *Voyage autour de ma chambre*, passim.
(2) Dr Pierre Janet : *De l'automatisme psychologique*.

nalité; au contraire, on l'étendra, puisqu'on affranchira la conscience d'actes purement manuels, qui, sans l'automatisme, absorberaient toute la volonté.

Il y aurait peut-être lieu d'insister ici sur un troisième caractère de l'automatisme : la *perfection relative* de l'acte accompli automatiquement. Nous ne nous y arrêterons cependant pas outre mesure, tout d'abord parce que c'est une question d'évidence; l'automatisme est un retour à l'instinct, lequel agit parfaitement. D'autre part, ce retour complet à l'instinct non seulement est impossible chez l'être pensant, mais ne serait pas souhaitable en matière de tir. Il est prouvé depuis longtemps que si l'arme et le tireur étaient absolument parfaits, l'efficacité du tir collectif en serait grandement diminuée; la dispersion serait quasi nulle; si on parvenait à la supprimer mathématiquement, il faudrait l'obtenir au moyen d'artifices; c'est une des principales raisons qui s'opposent à l'adoption des mitrailleuses pour le tir à longue distance. Mais retenons cependant ceci, c'est que cette perfection relative qui naît de l'automatisme sera un facteur précieux pour la conservation des qualités du tireur. On ne fait bien que ce que l'on fait souvent — et l'on ne continue à bien faire que ce qu'on a bien fait longtemps. Avec le service à court terme, les guerres de moins en moins fréquentes et les appels de plus en plus échelonnés, il est de première importance que les réservistes retrouvent, au cours de leurs rares périodes ou d'une mobilisation subite, les qualités qu'on leur aura inculquées pendant leur temps de service. Or, ces qualités, ils les retrouveront d'autant plus facilement que leur dressage aura été plus parfait au point de vue de l'automatisme. C'est à ce moment seulement, où il n'est plus temps d'apprendre, où l'action prime tout, que le soldat comprendra l'importance de son éducation automatique, grâce à laquelle il accomplira sans fatigue, sans y penser, et presque parfaitement les actes essentiels du champ de bataille : mettre en joue, viser un point, agir sur la détente, faire partir le coup, recharger, etc., etc.

Il nous reste maintenant à examiner à quelles conditions on obtiendra l'automatisme, et si ces conditions sont implicitement réalisées dans nos règlements provisoires.

A première vue il nous apparaît que deux conditions sont rigoureusement nécessaires pour qu'un acte entre rapidement dans les réflexes; il faut d'abord qu'il soit *facile à exécuter*, puis qu'il soit exécuté avec *régularité*.

Plus un exercice est difficile, en effet, plus il nécessite l'intervention de la volonté et la concentration de l'esprit. Et cependant les exercices qui étaient les plus difficiles au début finissent par s'exécuter automatiquement. Cela est visible dans l'escrime et dans l'équitation; au début, on peut dire que le degré d'automatisme est nul; puis, l'entraînement aidant, le nombre des actes conscients diminue peu à peu, pour devenir tout à fait infime par rapport à la quantité des réflexes. De là cette aisance souple et élégante qui semble si *naturelle* aux profanes, et qui, en réalité, n'est que le fruit d'un long apprentissage et d'un travail soutenu (1). Si donc on obtient de tels résultats pour des exercices difficiles, il semble qu'on doive en réaliser de plus remarquables encore lorsqu'il s'agit d'actes qui intéressent non plus une grande quantité de muscles, mais une catégorie très spéciale et très restreinte. Qu'est-ce que l'éducation musculaire, sinon l'exacte répartition des efforts entre les différents muscles et la limitation de ces efforts au minimum pour l'exécution d'un même mouvement? Or, est-il au monde une instruction qui se prête, plus que

____

(1) Dr Lagrange, *op. citat.*

celle du tir, à la répartition des efforts, à la décomposition des règles et à la division du travail, ces trois conditions de l'exercice facile, ces trois conditions du moindre effort?

Une fois ces conditions obtenues, et qui sont essentielles pour rendre un exercice facile, il faudra les perpétuer par la *régularité*, jusqu'à la fin de l'apprentissage, jusqu'à ce que l'accoutumance soit devenue de l'automatisme. Au risque de paraître émettre une opinion surannée, nous ne serions pas éloignés de dire qu'en matière d'exercices de tir, et surtout d'exercices préparatoires, tels que les mises en joue rapides, l'action respiratoire, les mouvements de la charge et les positions du tireur, la *cadence* et le *rythme* seraient d'une incontestable utilité. Ils serviraient à faire entrer dans les réflexes, et conséquemment dans l'automatisme, les actions essentielles du tireur, lequel, en fin de compte, lorsqu'il aurait à utiliser ces actions, soit individuellement, soit dans le tir de groupe, ne s'occuperait pas plus du rythme ou de la cadence que ne s'en occupe le fantassin bien dressé qui marche au pas sans tambour ni trompette.

Nous avons défini l'automatisme, en étudiant son point de départ qui est le mouvement réflexe; nous avons souligné la tendance des règlements français et étrangers à faire entrer l'automatisme dans l'instruction et l'éducation du tireur; nous avons essayé de mettre en évidence les principaux caractères et les conditions de l'acte automatique. Il nous reste à voir maintenant dans quelle mesure ces conditions sont réalisées par nos règlements de tir et de manœuvre, et si, grâce à cette réalisation, nous pourrons faire bénéficier le soldat des caractères de l'automatisme; caractères dont on découvre facilement maintenant les grandes conséquences puisqu'ils ne tendent à rien moins, au prix d'un effort facile et d'un apprentissage presque agréable, qu'à *assurer la liberté d'action et de pensée au soldat*, et à augmenter sa confiance en lui-même dans cette circonstance capitale de la guerre, qui est le combat.

Et d'abord, qu'il nous soit permis de regretter que nos exercices préparatoires de tir ne soient point précédés d'un petit préambule qui eût trouvé naturellement sa place en tête de nos règlements; nous voulons parler d'un court exposé, net et précis, orné même de quelques chiffres, qui, commenté par le capitaine, remplacerait avantageusement la meilleure des conférences dites « morales ». Ce texte ferait ressortir, par exemple, l'utilité générale du tir, lequel est, avec la marche, un des grands facteurs de la vie militaire. Marcher et tirer n'est-ce pas, à la guerre, presque toute la besogne du soldat? Nous savons bien que le capitaine, que les officiers instructeurs de tir ne seront pas embarrassés pour trouver, soit dans les tableaux et annexes du règlement du 18 novembre 1902, soit dans la masse même des textes, matière à causeries, et à causeries à la fois instructives et chaleureuses; mais il nous semble qu'il eût été fécond de suggérer ces causeries dans une sorte de *frontispice* réglementaire, dans lequel les hautes autorités militaires qui ont élaboré et rédigé ces règlements auraient exposé, en même temps que l'importance et la nécessité de l'éducation du tireur, la valeur de notre armement, valeur incontestable dont la conviction ajouterait à la force morale du soldat; celui-ci, pénétré ainsi à la fois de l'utilité et de la nécessité de tous les exercices qu'on lui demandera, serait, par là même, tout naturellement disposé, non pas à en subir, mais à en accepter d'avance les prescriptions les plus minutieuses. Ajoutons qu'on pourrait encore, avant tout exercice de tir, expliquer au soldat, en quelques mots, ce qu'on va faire et le pourquoi de ce qu'on va faire. Pour la plupart des soldats, en effet, tirer à la cible, c'est exécuter un tir de tant de cartouches, à telle distance, sur une cible donnée. Mais pourquoi ce nombre de cartouches, pour quelle raison cette distance, pour quel motif cette cible plutôt que telle ou telle autre ?... Ce sont là des explications qui les intéresseraient peut-être, mais qu'ils ne demandent pas, et que, par conséquent, on ne songe pas à leur donner. Or, ce serait pourtant le meilleur moyen de tenir en éveil, d'un exercice, d'un tir à l'autre, l'attention du soldat; et l'instructeur qui possède l'attention du soldat est bien près de tenir son cœur. En tout cas, ce procédé, qui devrait être la règle générale dans toutes les branches de l'éducation militaire, s'imposerait dans l'enseignement du tir; et il devrait s'imposer d'autant plus, au moment même où l'on se prépare à créer, chez des êtres intelligents et dans des volontés libres, des habitudes, des réflexes, de l'automatisme.

Ceci dit, il faut avouer que les auteurs de nos règlements provisoires de manœuvre et de tir se sont ingéniés merveilleusement pour donner aux instructeurs les moyens d'inculquer au soldat, progressivement, régulièrement, et avec le moindre effort, de bonnes habitudes. Qu'on relise les citations que nous avons données plus haut! Qu'on relise surtout la partie du règlement sur le tir qui est consacrée aux exercices préparatoires, et l'on demeurera frappé de la science et de la méthode qui ont présidé à l'élaboration de ces exercices. Dans ces textes, tous les mots portent et ont une valeur particulière; telle ligne résume tout un chapitre de gymnastique appliquée, telle autre ligne est le résultat d'observations physiologiques ou médicales nombreuses et répétées; telle autre suppose une profonde connaissance de l'homme et du cœur humain.

La répétition méthodique, graduée, régulière, l'ordre invariable des exercices amèneront l'habitude, en même temps que leur variété supprimera la fatigue et, par suite, l'effort. L'intérêt naîtra de la variété. L'enseignement par l'exemple, par l'image, par la matérialisation; des séances courtes mais fréquentes; une liberté relative de mouvements; une gymnastique appropriée de l'œil, des bras, des poumons; une gymnastique spéciale des jambes, des doigts; le placement individuel et judicieux du corps, du pied, du genou, du coude, des mains, de l'index, de la tête; une division du travail intelligente, qui met l'instructeur en garde contre la décomposition exagérée des mouvements; une instruction lentement progressive au service d'une initiative sagement prévue et recommandée; toutes les prescriptions détaillées, réitérées, enseignées par des cadres patients, instruits, adroits, persévérants et surtout très actifs; telle est la somme d'enseignements de ces exercices, qui créeront ainsi des habitudes de plus en plus régulières et fortes, et cet automatisme qu'il serait si précieux de retrouver chez le réserviste lors des périodes d'appel.

L'habitude se créera d'elle-même si — pour prendre un exercice spécial — l'instructeur veille seulement à ce que le soldat « ne perde pas de vue l'objectif pendant toute la durée du tir ». Obligé de manœuvrer la culasse, d'éjecter l'étui vide, de prendre une cartouche, de recharger, de refermer la culasse, sans regarder son arme, il acquerra vite l'automatisme de ces mouvements, et son bras, sa main, ses doigts garderont toujours, dans la suite, l'adresse inconsciente ainsi acquise. L'enseignement parallèle de la mise en joue, de l'action du doigt, du chargement de l'arme, du pointage sur le chevalet et des positions du tireur produira la variété, condition de l'attrait, et, par suite, du moindre effort, physique et moral. Les exercices sur le chevalet, menés de front avec les exercices à bras francs, permettront de faire travailler, dans une même séance, la vue, les bras, les jambes et auront le même résultat : de l'instruction obtenue sans ennui, un minimum d'effort avec un rendement maximum. Si l'homme ne peut viser en fermant l'œil gauche, il visera les deux yeux ouverts, comme le chasseur; il visera même en fermant l'œil droit, s'il a déjà cette habitude; car le règlement, créateur d'habitudes, veut cependant utiliser, toujours en vue du moindre effort, les habitudes propres à l'homme. Enfin, c'est dans l'apprentissage de mises en joue rapides, du chargement et de l'approvisionnement de l'arme qu'éclateront et l'ingéniosité de l'instructeur, et la progression du soldat à prendre des habitudes solides et durables, appelées à ne disparaître jamais, à agir, partout et toujours, avec une précision parfaite; il gardera *dans la main* comme on dit, les gestes antérieurement appris.

Quel sera le couronnement de cette éducation? Comment se conduira le tireur qui l'aura reçue? Il saura passer sans transition, dans toutes les situations, à toutes les allures, d'une position quelconque à une autre position quelconque du tireur; pour tirer, il portera l'arme sans effort, sans fatigue, exactement à la hauteur voulue pour prendre la ligne de mire; cette ligne de mire, il l'obtiendra automatiquement, comme un bon chasseur, et, comme ce dernier, visera automatiquement le point désigné; il saura tirer entre deux actes respiratoires, ayant appris à corriger ce réflexe qu'est la respiration par un autre réflexe que tous les lutteurs, que tous les coureurs connaissent; il saura décharger son arme, la charger, l'approvisionner, passer du tir coup par coup au tir à répétition et *vice versa;* interrompre un genre de tir pour en adopter un autre, quitter celui-ci pour un troisième, etc., et tout cela adroitement et vite, car l'adresse, l'automatisme, amèneront la vitesse, laquelle est le facteur essentiel pour faire rendre au tir à répétition ce qu'il doit, légitimement, donner.

Et le soldat accomplira ces actions rapides et parfaites *tout en gardant la liberté de sa pensée et l'indépendance de sa volonté*. Cette liberté du cerveau, cette indépendance du vouloir, loin d'être atteintes par l'automatisme, seront, au contraire, en raison directe de son perfectionnement. De même que le poète et le philosophe peuvent, tout en marchant, c'est-à-dire au cours d'un acte absolument automatique, composer des poèmes, ou se livrer aux spéculations les plus hautes, de même le soldat, sans effort, sans fatigue, régulièrement et quasi parfaitement, accomplira automatiquement les actes purement manuels et mécaniques du champ de bataille, tout en gardant sa pensée attentive aux ordres de son chef, et sa volonté prête à lui obéir. Quel instrument puissant sera alors, entre les mains du chef de groupe, une troupe de soldats ainsi dressée individuellement! Et comme ces hommes qui auront *dans la main l'outil familier* dont parle le règlement, seront à leur tour *dans la main du chef!* Alors sera vraiment réalisée cette *subordination volontaire* si belle et si féconde dont le principe figure à la première page de notre règlement de manœuvres, et qui ne s'explique que de la part d'un soldat parfaitement instruit et fortement éduqué!

Si le soldat est appelé à combattre isolément, sa pensée et sa volonté, non absorbées par le souci d'actes purement mécaniques, lui seront encore plus précieuses! Il deviendra alors son propre chef, le chef du groupe que représentent toutes les forces individuelles acquises par lui dès le temps de paix. C'est alors qu'il recueillera le fruit de son éducation comme gymnaste et comme tireur; c'est alors qu'il sera heureux de trouver, aux ordres d'une pensée libre, d'une volonté prompte et énergique, l'exécution d'actes variés, multiples, qui, en doublant, en triplant sa valeur propre, assureront, dans la plupart des cas, son salut.

Allons plus loin, et ne craignons pas de le dire : l'automatisme au combat, en assurant l'indépendance de la pensée et du vouloir, constitue la supériorité du chef, comme celle du soldat. La gymnastique mentale, incessamment appliquée à la solution de petits problèmes tactiques, habitue l'esprit à envisager, en toutes circonstances, en tout temps et en tous lieux, des situations de combat. Elle oblige l'officier à donner et à rédiger rapidement des ordres clairs, nets et précis, dans un délai minimum; cette gymnastique de l'esprit, bien ordonnée, bien conduite dès le temps de paix, finira par créer, chez le chef, une sorte *d'automatisme cérébral*, grâce auquel, au milieu des émotions du champ de bataille, sa pensée et son cœur resteront aussi libres et aussi forts que dans le silence du cabinet. Et c'est peut-être là qu'il faudrait chercher une partie du secret de la supériorité des grands capitaines !

Tours, 6 avril 1903.

Paris et Limoges. — Imp. milit. Henri CHARLES-LAVAUZELLE.

Librairie militaire Henri CHARLES-LAVAUZELLE
Paris et Limoges.

GUERRE DE 1870. — **La première armée de l'Est.** — Reconstitution exacte et détaillée de petits combats avec cartes et croquis, par le commandant breveté Xavier EUVRARD. — Volume grand in-8° de 268 pages....... 6 »

L'armée de Metz, 1870, par le colonel THOMAS. — Vol. in-8° de 252 pages, orné d'un portrait et de deux cartes.................................... 3 »

Le maréchal Bazaine pouvait-il, en 1870, sauver la France ? par Ch. KUNTZ, major (H. S.), traduit par le colonel d'infanterie E. GIRARD. — Vol. in-8° de 248 p., avec une carte hors texte des envir. de Metz. 4 »

CAMPAGNE DE 1870-71. — **Le 13e corps dans les Ardennes et dans l'Aisne**, ses opérations et celles des corps allemands opposés. Etude faite par le capitaine breveté VAIMBOIS, de l'état-major de la 10e division d'infanterie. — Volume in-8° de 224 pages..................... 3 50

La défense de Belfort, écrite sous le contrôle de M. le colonel Denfert-Rochereau, par MM. Édouard THIERS, capitaine du génie, et S. DE LA LAURENCIE, capitaine d'artillerie, anciens élèves de l'Ecole polytechnique, de la garnison de Belfort (5e édition). — Volume in-8° de 420 pages, avec trois cartes et plans en couleurs hors texte...................... 7 50

Histoire militaire de la France depuis les origines jusqu'en 1843, par Emile SIMOND, capitaine au 28e d'infanterie. — 2 vol. in-32 de 112 et 102 pages, brochés, l'un. » 50; reliés pleine toile gaufrée, l'un..... » 75

Histoire militaire de la France, de 1843 à 1871, par Emile SIMOND, capitaine au 28e de ligne. — 2 volumes in-32 de 96 et 104 pages, brochés. l'un. » 50; reliés pleine toile gaufrée.................... » 75

Crimée-Italie. — **Notes et correspondances de campagne du général de Wimpffen**, publiées par H. GALLI. *Ouvrage honoré d'une souscription du ministère de la guerre.* — Volume grand in-8° de 180 pages....... 5 »

Tableaux d'histoire à l'usage des sous-officiers candidats aux Ecoles militaires de Saint-Maixent, Saumur, Versailles et Vincennes, par Noël LACOLLE, lieutenant d'infanterie. — Volume in-18 de 144 pages. 2 50

Memento chronologique de l'histoire militaire de la France, par le capitaine Ch. ROMAGNY, professeur de tactique et d'histoire à l'Ecole militaire d'infanterie. — Volume in-18 de 316 pages.................. 4 »

Précis historique des campagnes modernes. Ouvrage accompagné de 37 cartes du théâtre des opérations, à l'usage de MM. les candidats aux diverses écoles militaires (2e édition). — Vol. in-18 de 232 p., broché. 3 50

Sans armée (1870-1871), Souvenirs d'un capitaine, par le commandant KANAPPE. — Volume in-18 de 336 pages, broché........ .... 3 50

La charge de cavalerie de Somo-Sierra (Espagne), le 30 novembre 1808, par le lieutenant général POUZEREWSKY, traduit du russe par le capitaine Dimitry OZNOBICHINE, de l'état-major général de l'armée russe. — Brochure in-8° de 56 pages avec 2 croquis dans le texte............. 1 50

Carnet d'un officier. — **En colonne au Laos (1887-1888).** — Volume in-8° de 72 pages... 2 »

GÉNÉRAL F***. — **Souvenirs d'un officier de l'armée belge à propos des militaires français internés à Anvers** pendant la guerre de 1870-71. — Brochure in-8° de 22 pages.. » 75

ETUDES DE TACTIQUE APPLIQUÉE. — **L'Attaque de Saint-Privat (18 août 1870)**, par Pierre LEHAUTCOURT. — Volume in-8° de 112 pages, avec un croquis dans le texte... 2 50

Général LAMIRAUX. — **Le siège de Saint-Sébastien en 1813**, avec un croquis dans le texte. — Brochure in-8° de 54 pages................. 1 25

Danger du principe fondamental de Jomini, par le capitaine L. FARAUD. — Brochure in-8° de 22 pages.. » 60

L'abonne

T b.11
25

ESSAI
SUR LA VIE.

PAR

G. JULES LABONNE,

DE CELLES (Dordogne),

BACHELIER-ÈS-LETTRES, AIDE DE CLINIQUE A L'HÔPITAL CIVIL
DE STRASBOURG.

> Si c'est un subject que je n'entends pas,
> à cela même je m'essaye, sondant le gué de
> bien loin, et puis, le trouvant trop profond
> pour ma petite taille, je me tiens à la rive.
> (*Essais de Montaigne, liv* 1er, *ch.* 4.)

STRASBOURG,

DE L'IMPRIMERIE DE Mᶜ Vᵉ SILBERMANN, PLACE Sᵗ-THOMAS Nᵒ 3.
1825.

A mon Père
et
à ma Mère.

M. LABONNE,

DOCTEUR EN MÉDECINE, MÉDECIN DES ÉPIDÉMIES DE L'ARRONDIS-
SEMENT DE RIBERAC (DORDOGNE), ET MÉDECIN DE L'HÔPITAL
CIVIL ET MILITAIRE DE LA MÊME VILLE;

Permettez que ce premier fruit de mes études paraisse sous vos auspices, et qu'il vous soit offert, non-seulement comme un hommage que je rends à vos vertus, mais encore comme un tribut de reconnaissance que je dois aux bienfaits dont vous m'avez comblé.

A MONSIEUR

A. BORAC,

L'AMI DE L'HUMANITÉ,

CURÉ DE BRASSAC (DORDOGNE).

Témoignage de gratitude, de respect et d'attachement.

G. J. LABONNE.

ESSAI SUR LA VIE.

Facultés vitales.

Tout est vivant, tout est animé; et dans le nombre infini des êtres qui concourent à former l'univers, il n'en est aucun, depuis le globe qui nous éclaire jusqu'à l'animalcule microscopique, depuis la créature la plus intelligente et la plus parfaite jusqu'au corps le plus brute et le moins organisé, qui ne possède un degré d'activité relatif au mode et à l'objet de son existence. Cependant, accoutumés à régler sur les bornes étroites de nos sens les idées que nous nous formons des opérations de la nature, nous avons exclu de la classe des êtres vivans tous ceux dont la vie n'a qu'un progrès trop lent et trop peu sensible pour que nous puissions le saisir. Mais, sans nous arrêter à faire voir ici que cette hypothèse détruit nécessairement l'accord qui existe entre toutes les parties de la création, et rompt la chaîne qui les unit intimement, puisqu'il ne peut y avoir de rapport et de nuance entre le mort et le vivant, il nous suffira, pour nous convaincre que cette division n'a d'autre fondement que l'imperfection de nos moyens, d'étudier avec soin la marche de la nature; nous la verrons attentive à ne rien brusquer, passer d'un extrême à l'autre par des degrés imperceptibles, lier l'animal à la pierre par des rapports généraux et des facultés communes, et former ainsi de ses productions infiniment variées un seul système qui embrasse tous nos règnes, tous nos genres, toutes nos espèces.

Quelque variées que soient les modifications de l'activité

vitale dans les différens êtres qui en jouissent; il est facile de les réduire à deux forces ou deux facultés principales qui produisent tous les phénomènes de la nature vivante.

La première de ces forces ou la force *digestive* ou *altérante*, pénètre les corps dans la pleine solidité de leur masse, les élabore, les altère, et les transforme jusques dans leur partie les plus intimes, et décide l'ensemble de leurs qualités intérieures. La seconde, ou la force *loco-motrice*, entièrement bornée à leur surface, n'a d'action que pour changer leurs rapports extérieurs de figure, de situation et de distance, sans porter atteinte à leur constitution intérieure ou physique.

Le rapport des sens étant la base sur laquelle porte le système entier de nos connaissances réfléchies, et nos sens ne pouvant nous représenter que les qualités extérieures des corps (car les idées dues au goût et à l'odorat qui sont en rapport avec leurs qualités intérieures, ne sont point susceptibles de devenir le sujet de la réflexion et du raisonnement), il suit qu'il nous est impossible de nous former aucune conception de la manière d'agir de la force digestive, qui n'opère que sur l'intérieur des masses. Son existence ne nous est autrement connue que par ses effets. Encore, lorsque nous examinons un corps soumis à l'action de cette force, les altérations qu'il éprouve, imperceptibles dans le détail, ne deviennent sensibles que de loin en loin, et leur ordre de succession nous échappe complètement. Dès-lors ces phénomènes ne peuvent, comme ceux dépendant de la force motrice, être rapportés à des lois simples et mécaniques capables de se plier à nos méthodes de calcul.

Il paraît que c'est pour cette raison que la force digestive a été négligée par les modernes (1); car les modernes, frappés de l'heureux succès de l'application des sciences mathéma-

---

(1) Nous devons en excepter Bacon Vauhelmont et M. de Buffon.

tiques à la physique générale, ont rejeté de la philosophie, comme des qualités occultes, toutes les causes qui ne pouvaient se prêter à cette application. Ces prétentions de Descartes ont été tellement répandues que Stahl lui-même, qui a défendu avec tant de chaleur le domaine de la médecine contre l'usurpation des sciences étrangères qu'on cherche à y introduire, a borné le pouvoir de l'âme à la seule faculté locomotrice. Aussi est il facile de voir que sa théorie, infiniment précieuse dans tout ce qui a rapport aux affections nerveuses résultantes d'une disposition vicieuse des forces toniques, n'est point du tout applicable aux maladies humorales qui tiennent à des lésions de la force digestive. Galien, au contraire, avait bien senti l'insuffisance de la force motrice, et la nécessité de recourir à une faculté altératrice présente à toutes les parties, pour rendre raison des phénomènes de la nutrition et des diverses altérations des humeurs dans les maladies.

Cette force digestive, entièrement méconnue des médecins modernes, est cependant celle des forces vitales qui mérite le plus de considération. Car le corps animal a beaucoup plus à craindre des agens qui, comme l'air et le feu, tendent continuellement a altérer la constitution physique ou sa mixtion, que des causes accidentelles qui peuvent porter atteinte à la structure; et les maladies qui intéressent ces forces ont des suites bien plus funestes que les lésions simplement organiques, qui, lorsqu'elles ne sont pas produites d'une manière trop brusque, ne portent souvent aucun dérangement sensible dans l'économie vitale. Elle est même la seule qui soit vraiment essentielle à la vie, puisqu'elle seule est commune à tous les êtres, et s'exerce sans interruption pendant le cours entier de leur durée, tandis que l'action de la force loco-motrice presque bornée aux animaux, est suspendue par de fréquentes alternatives de repos.

Je ne m'arrêterai point à reconnaître la nécessité de faire

de la vie une faculté commune à tous les êtres, je passerai à l'objet qui, plus en rapport avec le but du médecin, doit m'occuper plus spécialement.

Du fœtus.

Nous remarquerons d'abord, que la génération étant subordonnée à des lois constantes, et réglée sur un plan régulier et réfléchi, ne peut être rapportée à un principe aveugle et privé d'intelligence, et que l'ame est le seul agent que l'on puisse assigner pour régir cette fonction, de même que tous les autres actes de la vie. 1° C'est qu'attribuer la formation du corps animal à un concours et à un assemblage quelconque de molécules matérielles, c'est rendre ce phénomène aussi fortuit et aussi variable qu'il est constant et régulier, puisque ces molécules sont absolument indifférentes pour tout ordre et tout arrangement symétrique. 2° C'est qu'en reconnaissant même avec Rœderer, Wolff et Needham, une faculté plastique, essentielle ou végétative, on est de plus obligé de la faire dépendre d'une cause intelligente, pour rendre raison de l'accord et de l'harmonie qu'elle met dans toutes ses opérations. 3° C'est que le corps animal n'a en lui-même aucune raison finale de son existence, qui est toute entière soumise à l'ame dont ce n'est que l'organe ou l'instrument; c'est qu'il n'offre dans sa structure aucune circonstance qui ne se rapporte aux besoins de l'ame et aux fonctions qu'elle devait remplir pendant le temps de son union avec lui; et par conséquent qu'il est naturel de faire effectuer sa construction et la conservation de ses organes par le même principe qui doit les appliquer à leurs divers usages. 4° Enfin, c'est qu'indépendamment de tout raisonnement *à priori*, cette action de l'ame sur le corps dans sa formation, est encore prouvée par le fait même, puisque cet acte peut être modifié, altéré, ou même suspendu complètement par l'effet des passions qui affectent l'ame de la mère, et qui sont ressenties par celle du fœtus à raison de la correspondance intime qui existe entre l'une et l'autre.

L'ame concourt d'une manière bien évidente et doit être regardée comme l'agent qui préside à la génération. On le prouve aisément par le fait des ressemblances des enfans à leurs pères, considéré dans l'ensemble des circonstances. Un autre fait également important c'est que le germe de ces ressemblances, de même que celui des maladies héréditaires, attend pour se développer l'âge auquel chacune d'elles est spécialement affectée.

Ces faits nous mènent à reconnaître que dans l'acte de la conception l'ame du fœtus entre en communication avec celles des deux individus qui se sont réunis pour le former, et prend connaissance de la somme des affections, qui constituent la nature de l'un et de l'autre; en sorte qu'il en résulte pour elle un plan ou une image mixte, d'après lequel elle règle la construction de son corps, ainsi que l'ordre des fonctions qu'elle doit remplir pendant le cours entier de la vie. C'est dans les transports impétueux qui accompagnent la copulation, c'est dans ce moment si fugitif où le père et la mère restent confondus et anéantis dans un délire de volupté qui absorbe toutes les facultés de leurs ames, que la semence reçoit les propriétés nouvelles auxquelles elle doit sa fécondité.

La conception de la part du fœtus n'est donc autre chose que la perception de l'image ou du type primordial de l'espèce; de la part de la mère elle consiste dans l'établissement ordonné des actes, qui sont nécessaires de son côté, pour completter la génération, et en assurer la réussite; car nous devons admettre avec M. de Grimaud, que c'est à la sensation indéterminée, que le mâle imprime à la femelle dans le moment de leur réunion, qu'est attachée toute la série des mouvemens qui constituent et accompagnent la grossesse.

Les sept premiers mois qui amènent la formation complette du fœtus, sont partagés en deux périodes égales par une révolution bien marquée, qui tombe au milieu de ce temps, ou entre le troisième et le quatrième mois de la grossesse; alors la force plastique, dont la vigueur semblait diminuée ou ralentie, reprend tout-à-coup une énergie nouvelle, et imprime à toutes les parties un accroissement brusque et rapide. C'est aussi à cette époque que la force musculaire, assoupie jusqu'alors, commence à entrer en exercice, et que la graisse s'engendre et devient sensible; car toute l'utilité de la graisse se rapporte au mouvement des muscles et des articulations, dont elle a pour objet d'aider et de faciliter le jeu, soit en tempérant la dureté des frottemens par sa qualité onctueuse et humectante, soit en augmentant l'ouverture de l'angle, sous lequel les muscles l'unissent aux os, par le moyen de petits pelotons placés entre eux.

Si nous examinons maintenant l'état de la vie dans le fœtus, et le rapport sous lequel se combinent les facultés vitales, nous verrons qu'il est absolument le même que celui qui a lieu dans les végétaux, auxquels le fœtus doit être complètement assimilé, au moins dans la première période de sa formation. En effet, non-seulement il y a une analogie exacte dans la manière dont il reçoit sa nourriture, non-seulement toutes ses parties sont pénétrées d'une force puissante de végétation, mais encore il est, comme les végétaux, privé de tout sentiment extérieur et de tout mouvement sensible, et réduit à la seule faculté digestive et aux fonctions essentiellement vitales. J'ai dit au moins dans la première période de sa formation; car nous avons vu qu'au-delà de ce terme il commençait à donner des preuves de sentiment et de mouvement. Ce partage de la vie en deux périodes différentes est important à remarquer par son analogie avec le resultat des expériences de M. Needham, qui ont prouvé que les substances animales et végétales présentaient également dans leur décomposition aux états successifs, dont le premier était marqué par sa production du végétal, et le second par celle de l'animal.

Quoique tous les mouvemens, toutes les fonctions du fœtus dépendent exclusivement du principe qui l'anime, et qu'il jouisse d'une vie propre et individuelle, cependant comme nous sommes liés à tous les êtres qui nous environnent par des rapports d'autant plus étroits que nous avons un plus grand besoin de chacun d'eux, le fœtus est tellement soumis à la mère, qu'il ressent et partage toutes ses affections, et présente comme une pâte molle et flexible que son imagination manie pour ainsi dire à son gré. Cette correspondance, qu'on a voulu nier sous le vain prétexte que les nerfs et les vaisseaux du fœtus ne sont point une continuation de ceux de la mère, était absolument nécessaire à la transmission d'un grand nombre d'idées relatives à l'espèce. Un fait bien curieux à cet égard, que rapporte M. de Haller, c'est que les poules provenant d'œufs qu'on a fait éclorre à une chaleur artificielle, ne savent absolument pas couver. Cette communication est encore bien prouvée par les envies dont on a des exemples trop frappants et trop multipliés, pour qu'on puisse les révoquer en doute.

Mais si le fœtus prend part à tous les sentimens, à toutes les passions qui agitent l'ame de la mère, la mère à son tour a une connaissance exacte et intuitive de tous les besoins du fœtus. C'est sans doute à une connaissance sourde de ces besoins qu'on doit rapporter les goûts bizarres et violents qu'elle éprouve souvent, et qui, lorsqu'ils ne sont pas satisfaits, peuvent porter des impressions profondes sur le corps du fœtus. La sensibilité extrême des femmes dans le temps de la grossesse et encore fondée sur le même principe. Tel est même le soin avec lequel elles veillent à la conservation du dépôt qui leur est confié ; qu'elles semblent se priver en sa faveur de la portion d'alimens nécessaire à l'entretien de leur propre corps ; d'où dépend l'amaigrissement qu'elles éprouvent ordinairement , et qui annonce le bon état du fœtus.

De l'enfance.

L'enfance, ou le premier âge médicinal, s'étend depuis le moment de la naissance , auquel l'homme commence à vivre et à exister véritablement pour le médecin, jusqu'à la fin de la quatorzième année, époque marquée par le développement de nouveaux organes et de nouvelles fonctions, qui impriment au principe de la vie une modification particulière , et changent subitement le système entier de ses affections. Car quoique l'espace compris entre ces deux termes, soit encore partagé en plusieurs portions distinctes par les révolutions relatives à la pousse des dents, comme ce ne sont là que des changemens légers, qui n'apportent dans le tempérament aucune altération essentielle et durable, nous n'avons pas cru y devoir prêter notre attention et le considérer séparément.

Chaque âge de la vie , de même que chaque tempérament, est caractérisé par l'affaiblissement d'un organe particulier, qui est indiqué ordinairement par l'excès de son volume relatif, et sur lequel sont constamment tendus dirigés tous les efforts des forces toniques, ce qui en forme un foyer ou un centre de fluxion, qui attire et dérive sur lui toutes les humeurs, sollicite les congestions, les dépôts et les hémorrhagies , et devient ainsi le siège ordinaire des maladies propres à chacun d'eux. Ces différentes tendances des mouvemens toniques n'ont jamais été mieux étudiées que par Stahl,

comme on peut le voir dans sa belle dissertation *De morbo-
rum œtatum fundamentis ;* mais ce qui a échappé à Stahl,
et jusqu'à ce jour à tous les médecins, c'est l'utilité, c'est
la cause finale de ces tendances qui se trouvent dans un
rapport constant avec la nature de la diathèse attachée à
chaque âge, circonstance qui est cependant la plus intéres-
sante pour le médecin, dont elle sert avantageusement à
diriger la marche.

La tête est cet organe spécialement affecté dans l'enfance
(surtout ses parties extérieures) ; de là les hémorrhagies du
nez, les catarrhes de la membrane pituitaire, les affections
des parotides, l'hydrocéphale, et les dépôts dans la tête; de
là les aphtes, la teigne, les inflammations des yeux et des
oreilles, les douleurs de tête, l'ulcération de ses parties extérieures, qui forment le triste partage de cette première période de la vie. Cette tendance des mouvemens toniques vers
la tête, cette concentration des forces vitales dans cette partie,
a bien évidamment pour objet la formation et la pousse des
dents, ainsi que la perfection et l'exercice des organes des sens
affectés, principalement à la portion supérieure du corps; organes qui n'ont jamais plus d'activité que chez l'enfant placé
au milieu d'un système d'êtres nouveaux, dont il s'attache
avec ardeur à étudier la nature, et à apprécier les rapports.

Comme l'estomac et les intestins offrent aussi une voie
d'excrétion aux sucs muqueux, on remarque également qu'ils
ont plus de longueur et de capacité dans l'enfant que dans
l'adulte, et qu'ils deviennent un centre de fluxion, de même
que la tête, avec laquelle ils conservent une sympathie très-
étroite. C'est pourquoi les affections catarrhales se compliquent
ordinairement d'un état de saburre des premières voies.

Hyppocrate a remarqué, et la pratique journalière confirme,
que les enfans dont le cerveau n'a pas été purgé par des évacuations suffisantes, ou qui n'ont pas jeté leur gourme,

comme on le dit vulgairement, sont plus faibles et plus sujets aux maladies que les autres.

Le rachitis dont les enfans sont très-communément attaqués, nous paraît devoir être rangé parmi les affections catarrhales ; car non-seulement son action est renforcée par les mêmes causes, comme l'habitation d'un pays marécageux, l'hiver, une constitution froide et humide, un tempérament dénué de vigueur et d'activité, l'impression des causes énervantes long-temps soutenue, etc., mais encore il est combattu avec avantage par les mêmes moyens, tels que les purgatifs doux qui sont les plus appropriés à la dégénération catarrhale, le mercure et ses préparations, le quinquina, les bains, les frictions et les autres toniques.

Les enfans, dont la faculté digestive est augmentée relativement à la faculté tonique, doivent donc user de substances qui, comme les végétales, en exerçant beaucoup la première n'exige pas une grande dépense de la part de la dernière. Aussi la nature, qui a constamment réglé nos goûts sur nos besoins, inspire-t-elle aux enfans une passion violente pour les fruits et les végétaux et un dégoût marqué pour la viande ; dégoût qu'ils ne parviennent à surmonter que par l'habitude, et lorsqu'accoutumés à donner davantage à leur intempérance qu'à leurs besoins, ils ne peuvent plus distinguer les inspirations saines et utiles qui leur sont dictées par la nature, de celles qui ne sont fondées que sur l'altération de leurs organes et la dépravation de leurs appétits.

Il existe entre les âges de la vie et les saisons de l'année une analogie exacte et constante, soit relativement à l'énergie respective des forces vitales, et au mode de leur tendance et de leur développement dans ces différentes circonstances, soit relativement à la nature des affections maladives qui leur sont affectées ; en sorte que chaque année, considérée successivement dans ses diverses périodes, est une image raccourcie de

la vie entière, et présente la même marche et les mêmes révolutions. L'hiver est la portion de l'anné qui correspond à
l'enfance ; car non-seulement la constitution froide et humide qui règne alors imprime au système des facultés vitales
la même modification que celle qui constitue le tempérament
des enfans, mais encore cette saison est caractérisée par la
même fréquence des affections de la tête et la même prédominance de la diathèse catarrhale.

Les mêmes changemens s'observent, quoique d'une manière moins sensible, dans la révolution diurne; et la nuit
est aux autres parties du jour ce que l'hiver est aux diverses
saisons de l'année, et l'enfance à la vie entière. Ainsi les
forces toniques éprouvent dans la nuit un affaiblissement
bien marqué. C'est aussi ce temps que la nature a spécialement destiné au sommeil, et celui dans lequel débutent
ordinairement les accès des fièvres catarrhales, et comme
les affections vermineuses et vénériennes paraissent entrete-
nues par une cause maligne à celle des affections catarrhales,
on remarque également que c'est pendant la nuit que se font
ressentir leurs paroxismes les plus violens.

De la Jeunesse.

Quoique la nature paraisse assujettie dans toutes ses opérations à une marche uniforme et finement graduée, et qu'em-
porté par un progrès insensible, le corps animal ne présente
dans le cours entier de sa durée qu'un enchaînement non in-
terrompu d'altérations et de changemens, il est cependant
des époques marquées par des révolutions plus rapides, qui
frappent d'une manière brusque tout le système des affections
vitales.

Parmi ces révolutions, une des plus frappantes est celle
qui tombe à la fin de la quatorzième année, ou de la seconde
septénaire. C'est à cette époque qui termine l'enfance, que

l'homme borné jusques-là à une vie individuelle et isolée,
qu'il ne peut ni étendre ni partager, commence à exister
véritablement pour l'espèce; c'est alors qu'il devient propre
à remplir les desseins de la nature, qui dans la succession
rapide des individus, ne perdant point de vue la conservation des espèces, en a assuré la permanence en accordant
à chacun des êtres qui les composent la faculté de se repro-
duire dans un nouvel être qui lui ressemble. Cette destination
nouvelle exigeait le développement de nouveaux instrumens,
et l'emploi de nouveaux moyens; de là ce changement subit
qui opère la puberté dans l'organisation du corps de l'animal
et le nouveau rapport qu'elle introduit entre les facultés; de
là les nouveaux besoins qu'il éprouve, les passions nouvelles
qui l'agitent, les nouveaux goûts, les nouvelles idées, qui
toutes sont constamment tendues et dirigées vers ce but, et
se trouvent dans l'accord le plus parfait avec le nouvel ordre
de fonctions qui lui est tracée par la nature.

Un des premiers effets de la puberté se fait remarquer
dans les organes de la génération, qui commencent à entrer
en action, et acquerrent en peu de temps la perfection et le
volume qu'ils doivent conserver pendant le reste de la vie.
Dans l'enfance ces parties à peine développées, ne faisaient
que se nourrir ou végéter, sans activité, sans énergie, entièrement soumises à l'influence des autres organes. Mais à
l'époque de la puberté elles sortent tout-à-coup de l'état d'en-
gourdissement et d'inertie, dans lequel elles étaient resté
plongées jusqu'alors; leur département resserré, s'étend et
et s'agrandit, et les fonctions particulières qui leur sont dé-
parties, deviennent dès-lors la principale occupation de la
nature et l'objet de tous les soins. C'est ce qui est surtout
bien marqué dans la femme, chez laquelle la matrice, cet
organe si actif, dont la sensibilité dépravée et les fonctions
intervesties, jettent dans l'économie animale des dérange-

mens si étonnans et variés, se change subitement en un
nouveau centre de vie, qui sollicite vers lui la tendance des
mouvemens et des humeurs, et dont l'action se propage sur
le système entier des organes qu'il s'asservit et se subordonna.
Cette révolution est bientôt suivie d'autres changemens également relatifs à la nécessité de la reproduction. Tels sont
dans la femme le flux périodique et le gonflement du sein,
et dans l'homme la production de la barbe, et la mue de la
voix, qui d'abord rauque et inégale, acquiert bientôt la force
et la gravité nécessaire à l'expression de nouveaux désirs
qu'il éprouve ; au lieu que dans la femme elle retient le
caractère qu'elle avait dans l'enfance, et qui, analogue à la
faiblesse de son sexe, était plus propre à intéresser l'homme
à ses besoins.

Le changement qu'éprouve la sensibilité se rapporte à la
reproduction. Dans l'enfance, temps consacré à l'éducation
de l'homme et au perfectionnement de son corps, elle ne
s'exerce que sur des objets analogues à cette fin. Aussi la
gourmandise qu'entraîne le besoin de son accroissement, la
timidité dépendante de sa faiblesse, la curiosité nécessaire à
son instruction sont-ils les seuls sentimens dont l'enfant soit
susceptible. Mais dès que la puberté, en développant chez
lui de nouvelles sources de vie, l'a rendu propre à trans-
mettre l'existence à d'autres êtres, la faculté sensitive n'est
plus resserrée dans la sphère étroite des désirs relatifs à la
conservation de l'individu, et l'amour, ou la passion qui a
pour objet la conservation de l'espèce, absorbe la plus grande
partie de son activité ; l'amour le plus impérieux de tous les
besoins, la plus vive des jouissances, le plus délicieux des
sentimens, parce que la fonction à laquelle il est attaché est,
d'après les desseins de la nature, la plus noble et la plus
importante. Tel est le pouvoir de cette passion sur l'animal,
qu'elle semble lui faire oublier le soin de sa propre conser-

vation, et le porte à braver toute sorte de périls pour trouver l'objet qui doit le délivrer d'un surcroît de force et de vie, qui lui est à charge, et qu'il cherche à communiquer. *In furias ignemque ruint.*

Mais l'augmentation d'énergie des forces toniques et motrices est ce qui sert le plus à différencier le tempérament de la jeunesse de celui de l'enfance. Par l'effet de cette intensité nouvelle toutes les parties prennent plus de fermeté et de consistance; les mouvemens toniques vitaux, soit dans l'état de santé, soit dans l'état de maladie, s'exercent avec plus de régularité et de force; et les muscles rendus plus saillans donnent à tous les membres une forme plus durement dessinée; elle s'annonce encore par l'état du pouls qui est plus fort et plus développé, par le caractère plus décidé des traits du visage, et la couleur plus rembrunie de la peau; car dans l'homme comme dans les animaux la blancheur est constamment un indice de faiblesse.

Il ne nous sera pas difficile de trouver entre la jeunesse et le printemps les mêmes rapports que nous avons déjà remarqué entre l'hiver et l'enfance. Ainsi le printemps s'annonce par la même tendance des humeurs vers la peau et le poumon, la même fréquence des affections de ce dernier organe, la même prédominance de la diathèse phlogistique. Il est encore comme la jeunesse le temps le plus particulièrement consacré à l'amour. Car ce n'est que dans cette saison que la plupart des animaux deviennent propres à l'acte de la reproduction; et quoique l'habitude de vivre en société ait soustrait l'homme à l'influence des saisons et des climats, et l'ait rendu habile à cette fonction dans tous les temps, il est acquis par une longue suite d'observations faites à Londres dans les hôpitaux destinés aux femmes en couche, que les mois de janvier et de décembre sont ceux dans lesquels il naît le plus grand nombre d'enfants.

On doit dire la même chose du matin comparé à la jeunesse. Car outre que c'est ordinairement le matin que se fait l'invasion des fièvres inflammatoires, il n'est personne qui ne se soit apperçu du redoublement sensible qu'éprouvent à cette époque les désirs amoureux, et de l'activité nouvelle que prend le système entier des forces vitales.

De l'âge viril.

C'est parce que la nature passe de l'état dans lequel elle se trouve dans la jeunesse à la modification nouvelle qu'elle doit prendre dans l'âge viril, par une suite d'altérations imperceptibles, qu'il est très-difficile de déterminer d'une manière précise les limites qui séparent ces deux âges. Ces limites sont plus ou moins reculées pour les individus, suivant que leur constitution propre a plus ou moins d'analogie avec le tempérament attaché à l'âge viril. Ainsi les jeunes gens secs et bilieux y arrivent plutôt que ceux qui sont d'une constitution sanguine plus décidée. Il paraît cependant, qu'en consultant la règle la plus générale, on doit fixer ce terme de séparation à la fin de la vingt-huitième année ou de la quatrième septenaire, époque à laquelle le corps a prit tout son accroissement en hauteur et en épaisseur, puisque c'est alors que le principe de la vie diminue l'énergie de la faculté digestive, dont l'exercice lui devient moins nécessaire.

La faculté digestive souffre dans l'âge viril un affaiblissement déjà sensible, qui ne lui permet plus de l'appliquer avec avantage que sur un moindre nombre de substances, et d'en opérer la transformation d'une manière aussi complette : soit que la puissance du principe de vie soit trop bornée pour qu'il puisse déployer à la fois, et avec une égale énergie, les deux facultés vitales, ce qui le force à affaiblir l'une dans la même proportion que l'autre augmente ; soit que les forces digestives soient absorbées par le travail des organes préparateurs de la liqueur séminale; liqueur qui est peut-être de toutes les substances animales celle dont l'élaboration exige la plus grande dépense de ces forces, comme le prouvent la grande activité pour fournir des productions vivantes, l'amaigrissement extrême des animaux dans le temps du rut, et l'altération profonde que porte dans la constitution l'émission trop fréquente de cette humeur précieuse et éminemment chargée de vie.

L'analogie qui existe entre la nuit, l'hiver et l'enfance, entre le matin, le printemps et la jeunesse, se remarque entre le milieu du jour, l'été et l'âge viril. Le premier de ces rapports est principalement indiqué en ce que le midi est le temps marqué pour les accès des fièvres bilieuses; et relativement au second, il est facile de voir que les forces vitales reçoivent dans l'été la même modification que dans l'âge viril, ce qui donne lieu à la dégénération et aux mêmes maladies.

L'activité dont jouit la force digestive pendant les dernières années de l'âge viril, se manifeste par la production de la graisse, qui se rassemble et s'accumule principalement sur les parties extérieures de l'abdomen, principal siège de cette force. Cet excès d'embonpoint n'est point, comme on l'a dit, un fardeau inutile, qui surcharge le corps, et nuit à la force et à l'agilité de ses mouvemens; mais il a bien évidemment pour objet de suppléer à l'imperfection de la nutrition. C'est ainsi que les animaux dormeurs qui doivent passer l'hiver sans prendre de nourriture, se chargent sur la fin de l'automne d'une grande quantité de sucs graisseux, qui les mettent en état de supporter la longue abstinence qu'ils doivent essuyer pendant la saison suivante. Car la graisse n'est qu'un suc nourricier surabondant et mis en réserve; comme cela est prouvé par sa prompte destruction dans les maladies aiguës qui affectent la faculté digestive, par l'observation de Fabrice Hildan, qui a vu que dans les personnes mortes de faim les os même étaient entièrement épuisés de moëlle, et par le soin que prend la nature de la rassembler sur la fin de l'automne et de l'âge mûr. Il est peu de faits qui, bien examinés, prouvent d'une manière aussi frappante la nécessité de rapporter tous les phénomènes de la vie à un principe sage et prévoyant, ainsi que la vanité et l'insuffisance des explications déduites de l'action aveugle de la matière et de la contrainte rigoureuse des lois d'une mécanique grossière auxquelles on veut tout réduire.

De la vieillesse.

Par une loi dont il serait inutile de rechercher la cause, et plus ridicule encore de vouloir prévenir les effets, tous les êtres parvenus au dernier terme de leur perfection, s'en éloignent et marchent à leur destruction par des degrés correspondant à ceux de leur accroissement. Quoique le corps commence à dépérir dès le moment de son entier développement, ces dégradations presque insensibles pendant la durée de l'âge viril, ne peuvent être facilement remarquées avant la fin de la quarante-neuvième année, terme auquel commence la vieillesse; parce que cette époque, qui dans les deux sexes s'annonce par l'anéantissement de la faculté génératrice et des fonctions qui s'y rapportent, et qui semble replonger l'homme dans l'état dans lequel il se trouvait avant la puberté, imprime à toutes les forces vitales un affaiblissement simultané qui précipite ces dégradations.

L'Allemagne a été regardée autrefois comme le pays le plus propre à fournir des hommes robustes, forts, grands, faits pour vivre long-temps, et si les habitans ne jouissent point aujourd'hui des mêmes avantages, c'est que leur genre de vie a perdu de sa première simplicité.

L'Ecosse et l'Irlande comptent un assez grand nombre de vieillards ; on en voit également dans les régions méridionales et tempérées de l'Europe ; en un mot, on trouve des vieillards dans tous les pays,

La dégénération séreuse qui leur est affectée peut occasionner, suivant la diversité des parties dans lesquelles ses produits se déposent et s'accumulent, des maladies qui, quoique identiques par leur nature, sont très-différentes en apparence. Portée sur le cerveau et l'origine des nerfs, l'humeur séreuse détermine des apoplexies, des léthargies, des affections soporeuses ; fixée sur le poumon, elle produit l'asthme humide, des catarrhes opiniâtres et chroniques ; dans l'abdomen, elle manifeste ses effets par des flux séreux et les différentes sortes d'ascites ; et uniformement répandue dans tout le tissu cellulaire, elle constitue la cause de la leucophlegmatie ou de l'hydropisie générale.

La nature, après avoir affaibli successivement dans les autres âges les organes situés supérieurement, affecte dans la vieillesse de cette faiblesse relative le bas-ventre et les extrémités inférieures, mais plus spécialement encore la vessie et les voies urinaires sur lesquelles se concentrent et se fixent tous les mouvemens toniques ; et cette tendance particulière qui contribue efficacement à augmenter la sécrétion qui se fait dans les organes, et dépouiller les humeurs de la sérosité surabondante, est suffisamment indiquée par la fréquence des affections de ces parties chez les vieillards. Cette loi qui soumet les forces toniques à parcourir dans la révolution entière de la vie toute l'étendue du corps, par un progrès dirigé des parties supérieures vers les parties inférieures, règle également les actes de la force plastique, comme nous l'avons vu en parlant du fœtus, et s'observe encore pendant la durée de chaque année et de chaque maladie. Ainsi, il arrive très-communément que les premières crises d'une maladie se font par les parties supérieures, par exemple, par des hémorragies du nez, et les dernières par des diarrhées et des évacuations par les parties inféricures. MM. Wagler et Rœderer ont observé de même dans l'épidémie pituiteuse qui régna à Gœttingue en 1761, une cession sensible dans le rétablissement du canal intestinal à la suite des fièvres gastriques ; et ils ont vu que l'estomac reprenait son état naturel avant les intestins grêles, qui se rétablissaient encore long-temps avant les gros. C'est pour quoi, dans les fièvres gastriques, l'administration de l'émétique doit ordinairement précéder celle des purgatifs.

Je terminerai cet article de la vieillesse, en assignant, comme je l'ai fait à l'égard des autres âges, la saison et la partie du jour qui lui correspondent dans le cours de la révolution annuelle et diurne. Or, c'est surtout la fin de l'automne et le soir qui entretiennent avec cette dernière période de la vie les rapports les plus multipliés et l'analogie la plus exacte. Ainsi les maladies contractées en automne prennent, comme dans la vieillesse, un caractère de lenteur et d'opiniatreté, et se fixent principalement sur les organes du bas-ventre : ainsi, sur le soir, la faiblesse des forces digestives contr'indique l'usage peu modéré des alimens, et l'épuisement des forces motrices joint à la diminution d'activité des organes des sens, amène la nécessité du sommeil destiné à en opérer la réproduction. Mais il existe entre elles cette différence que l'énergie des forces vitales ne paraît baisser sur la fin de l'automne et de la journée que pour l'élever bientôt après à son premier état, au lieu que les altérations qu'elles éprouvent dans la vieillesse ne peuvent plus se réparer, et augmentent sans cesse par un progrès rapide jusqu'à la mort, ou à l'entière cessation de l'exercice de ses forces.

FIN.